L'ABBÉ URBAIN LEGRÉ

SA VIE
SON ŒUVRE D'ÉDUCATEUR

PAR LE

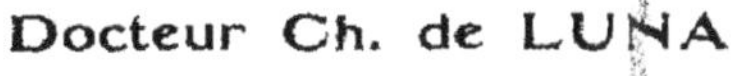

Docteur Ch. de LUNA

L'ABBÉ URBAIN LEGRÉ

SA VIE
SON ŒUVRE D'ÉDUCATEUR

PAR LE

Docteur Ch. de LUNA

Nihil obstat

H. RAMPAL, v. g. sup. du Gr. Sém.

Imprimatur :

Massiliæ, die 4° Julii 1925.

L. BLANC, v. g.

PRÉFACE

On nous demande une préface pour ces lignes inspirées par la gratitude, l'affection et la délicatesse de cœur. Mais ne serait-il pas périlleux d'essayer de glaner après M. le docteur de Luna, même dans un aussi riche champ ? Peut-être le mieux est-il de retrouver pour les aimables lecteurs de ces feuilles ce qui fut, nous semble-t-il, le principe d'une vie excellente entre toutes et d'un ministère pleinement bienfaisant.

Urbain Legré semblait prédestiné par ses qualités de naissance et de première éducation au simple rôle, fort distingué du reste, d'un savant. Ce fut sa vocation sainte qui décida de tout. Déjà riche des trésors du savoir, il fut à Rome : Il put aux sources mêmes de la foi, et dans la sainte Ecriture, dans les enseignements de l'Eglise et dans le merveilleux génie qu'est Saint-Thomas d'Aquin, remonter autant qu'il peut être donné à l'esprit de l'homme au principe même de l'Etre et de la Vérité. Ce qui le conquit dans ces hauts mystères, ce furent évidemment les grandeurs ineffables de Dieu, mais ce furent aussi les admirables révélations de l'infinie bonté. Elles répondaient à un véritable besoin de son âme, naturellement ardente mais timorée et craintive même. Cette leçon bénie ne pénétra pas seulement en lui. Elle s'y établit à demeure et ne s'y obscurcit jamais. Il nous souvient de l'avoir entendu dire bien des fois depuis, mais avec quel accent de foi et de confiance reposée : « Que craindre au monde et au delà ? Nos jours et notre éternité sont aux mains de l'Infiniment bon ! »

C'est de là aussi qu'aux sommets des monts et dans les replis des vallées, attentif à ses éprouvettes ou pénétré au calice d'une fleur, il s'était habitué à voir dans les lois du nombre, de la physique ou de la chimie, ou de la physiologie, ce qu'elles sont en fait : des manifestations d'une Providence tutélaire et maternelle.

La prière au cours des longues randonnées n'est qu'une réponse à tant de prévenances ; la Messe, les Sacrements reçus, une réponse plus profonde à mille bienfaits de cet ordre ou d'un autre ordre plus élevé encore.

De là aussi son préjugé, toujours prêt à paraître sous mille formes généreuses, en faveur de la Bonté. Car il fut bon, comme le dit excellemment son très intègre et très convaincu biographe, bon jusqu'au comble pour ses amis, pour ceux qui avaient avec lui quelque affinité de ministère ou de pensées, pour ses élèves et pour ses promeneurs, car ce sont eux par dessus tout qu'il se plaisait à nommer ses enfants. Il s'était voué en père véritable à les rendre forts au physique et au moral. Il avait pour eux des attentions, des dévouements sans nombre. Qui dira quel bien il a fait par là.

Peut-être quelque prêtre jeune, énergique et dévoué pourra-t-il reprendre parmi son groupe d'explorateurs novices, le ministère demeuré aujourd'hui en déshérence. Il lui sera intéressant et utile de lire les pages qui suivent. On ne saurait trop recommander à ses réflexions cette physionomie toute de lumières et de générosité.

19 Juin 1925.

Chan. P. LORIN.

AVANT-PROPOS

Notre pensée, en écrivant une notice biographique sur le vénéré Abbé Legré est de répondre au désir qu'ont tous ses anciens élèves et amis de garder le plus fidèlement son souvenir : ce sentiment, la Croix élevée au port des Goudes à sa mémoire, l'a manifesté déjà, et elle témoignera longtemps de leur durable attachement. Après cet hommage et cette marque de piété collective inscrite au lieu où il nous fut enlevé, il nous a paru que tous ceux qui l'ont affectionné trouveraient une consolation à lire l'histoire de sa vie.

Nous en rappellerons brièvement les périodes essentielles : années de jeunesse toutes remplies par l'étude, vocation religieuse et temps du séminaire, puis, à partir de sa prêtrise, œuvre d'enseignement et d'éducation à laquelle il se voue entièrement. De la carrière du professeur, nous relaterons surtout les faits dont nous avons été le témoin, au Collège du Sacré-Cœur et durant les années où, ainsi qu'à tous ses anciens élèves, il continuait à nous prodiguer les bienfaits de son enseignement, nous tenterons de faire revivre le directeur de jeunesse incomparable qu'il fut, soit dans les excursions dont il était le chef et l'animateur, soit dans les réunions amicales tenues sous sa direction, soit dans l'action individuelle. Nous tâcherons de mettre en lumière les hautes qualités de l'éducateur : professeur éminent, prêtre épris des âmes, hygiéniste et instructeur physique s'inspirant des principes les plus rationnels : sa méthode était en tout originale, mais sûre ; elle a été féconde et plusieurs générations de jeunes marseillais en ont bénéficié.

Dans l'évocation de la vie de notre Maître, et au souvenir de tant de bienfaits reçus, nous avons apprécié mieux encore l'étendue de notre dette de reconnaissance envers lui : puissions-nous l'acquitter en partie par ce modeste tribut offert à la mémoire du saint et savant prêtre qui porta à ses élèves l'affection d'un père et que tous pleurent, l'âme remplie des sentiments les plus filiaux !

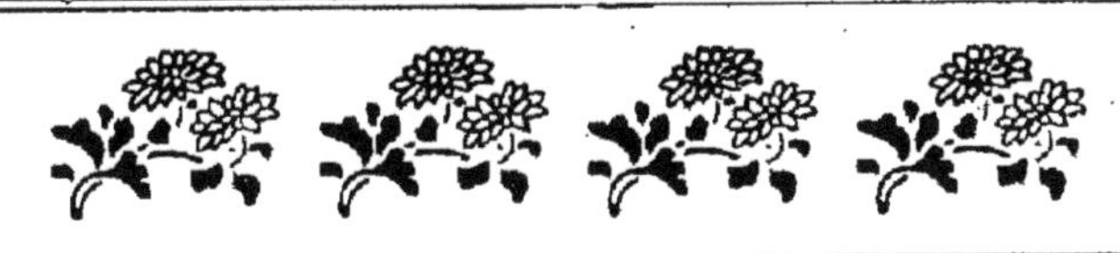

L'ABBÉ URBAIN LEGRÉ

SA VIE

Urbain Legré naquit le 20 juin 1863, dans une famille de la bourgeoisie marseillaise où l'amour des lettres, la culture intellectuelle et l'attachement à la foi chrétienne étaient le plus en estime. Son père, Ludovic Legré, avocat éminent, bâtonnier de l'Ordre, était aussi un écrivain de valeur que l'Académie de Marseille compta avec honneur dans sa section des Lettres ; il devait transmettre tout spécialement à son fils sa très vive ferveur d'excursionniste et de botaniste pour son beau pays de Provence. Une mère, aux rares qualités d'esprit et de cœur, complétait cet admirable foyer familial, où le jeune Urbain, aux côtés d'une sœur cadette douée aussi d'une exceptionnelle intelligence, reçut de ses parents une parfaite formation intellectuelle et morale.

La naissance de celui qui devait tant aimer la Provence, la parcourir avec une si grande prédilection, fut saluée par une poésie du grand félibre, ami de son père, Théodore Aubanel, sur la naissance du petit

Urbain, poésie pleine des plus tendres souhaits, et dont nous citons ce quatrain prophétique (1) :

Que la vertu t'enause ! Manse coume un agnèu Agues pieta di pauve Agues l'amour de Dieu !	Que la vertu t'exhalte ! Aussi doux qu'un agneau Garde pitié des pauvres, Garde l'amour de Dieu !

Ses études furent poursuivies très brillamment au Collège des Jésuites de la ville, d'abord à la rue Mission-de-France, puis au pensionnat de la rue Saint-Sébastien : durant toutes ses classes, Urbain Legré fut un élève remarquable par son travail et sa sagesse ; en 1883, en même temps que son diplôme de bachelier, il obtenait le grand prix d'honneur offert par l'Amicale des anciens élèves. Très doué pour les sciences mathématiques, c'est vers elles qu'il orienta ses études supérieures, et, pour se préparer à l'Ecole Polytechnique, il suivit en 1883-1884 les cours de sciences au Lycée de Marseille.

Mais Dieu lui réservait un autre avenir : le brillant élève du Lycée, se détachant pour quelque temps des sciences profanes, renonçant à toute réussite terrestre, comme tant d'âmes d'élite, entend l'appel surnaturel et embrasse la carrière sacerdotale : pour ne pas s'éloigner de sa famille, le nouveau clerc entre au Grand Séminaire de Montolivet où il accomplit ses trois premières années d'étude de philosophie et de théologie.

Pendant l'année scolaire de 1887-88, on lui donne à professer à l'Ecole Belzunce un cours de mathématiques et il y montre une aptitude très grande à l'enseignement.

(1) *Lou Reire-Soulèu* (Le Soleil d'Outre-Tombe). Théodore Aubanel, p. 89. Poésies réunies et publiées par Ludovic Legré.

Mais Rome l'attire, et, à partir de 1888, il poursuit durant trois années ses études de théologie au Séminaire Français, les clôturant par une thèse de Doctorat en Théologie très remarquée sur la Sainte Trinité dans ses harmonies avec la science mathématique. En 1889, le jeune prêtre avait reçu le Sacerdoce.

Revenu à son diocèse, l'abbé Legré est nommé vicaire à l'ancienne paroisse de Saint-Martin, fonction qu'il quitte bientôt pour remplir durant un an et demi celle d'aumônier du Couvent des Sœurs du Saint-Sacrement qui font l'éducation de jeunes filles. A cette occasion se fait jour son goût pour la direction des jeunes, et il commence en même temps un cours de mathématiques au Pensionnat de garçons du Sacré-Cœur.

L'année 1892 est pour lui très douloureuse, car il est frappé dans trois de ses plus chères affections : mort de sa mère, d'un oncle qu'il aimait beaucoup et mort de sa sœur Cécile. Cette même année, M. l'abbé Legré est nommé définitivement professeur de sciences mathématiques et naturelles au collège du Sacré-Cœur. C'est une période importante de sa vie qui commence : il est chargé de l'enseignement de la physique, de la chimie et des mathématiques dans les classes supérieures et préparatoires aux examens. Avec l'approbation et l'encouragement de Monseigneur Robert qui lui portait une affection toute particulière, il poursuit en même temps ses propres études de licence es-sciences par la préparation des certificats de géologie, de botanique et mathématiques, et jouit, à la Faculté, de l'estime générale. Ses maîtres témoignent la plus vive sympathie pour ce jeune prêtre, professeur lui-même, et si studieusement appliqué à se perfectionner dans la connaissance des sciences naturelles : en botanique, il excelle, obtient son certificat de Licence avec la mention très bien, et mérite du savant professeur Hækel le compliment d'être appelé son plus distingué élève. D'ailleurs, il reçoit une récompense de la Faculté sous la forme d'une bourse pour un voyage d'études botaniques : le Ministre de l'Instruction Publique le charge d'une mission à Java où il doit étudier la flore exotique au Jardin de Buitenzorg. Le voyage et le séjour dans l'île hollandaise eut lieu de l'automne 1900 à fin août 1901. A Java, où il est l'hôte de Monseigneur Claessens, l'abbé Legré travaille très activement, accumule les documents scientifiques : il en rapporte une riche collection de plantes dont il fait don au Musée d'Histoire naturelle, et un très grand nombre de clichés photographiques d'ordre scientifique ou documentaire. Ce voyage l'a enchanté : il a accompli son programme d'études, et, dans cette visite d'Extrême-Orient, cette civilisation plus simple, conservée chez ces peuples aux mœurs primitives, lui a plu beaucoup, et l'a convaincu de l'inutilité et de la malfaisance de certaines de nos conventions de vie sociale. Il conserve même de son séjour oriental l'attribut du missionnaire là-bas, le port de la barbe, et il gardera toute sa vie cette allure de prêtre missionnaire qui sera sa caractéristique.

Dès son retour, Monsieur l'abbé reprend sa place au Sacré-Cœur : muni de ses deux licences, passionné pour les sciences qu'il enseigne, entouré du prestige que lui valent sa grande érudition, son récent voyage aux pays lointains, l'originalité de son esprit et de son caractère, il conquiert bientôt entièrement l'estime et l'amitié de ses confrères. Il est certes le plus original de tous, souvent sa distraction lui attire quelques méprises et l'on l'en taquine un peu. Mais il noue les amitiés les plus solides avec le Chanoine Girard, directeur du Pensionnat, l'abbé Figeac, l'abbé P. Lorin, professeurs, auxquels l'attachent tout particulièrement, en plus des liens de la famille sacerdotale, la communauté de goûts pour la littérature, les discussions philosophiques, l'attrait partagé pour les promenades et les grandes excursions.

Mais en même temps, il attire à lui par les charmes de son esprit et la générosité de son cœur un certain nombre de ses élèves qui ne se contentent pas des leçons du professeur : bientôt, il recrute ses premiers fidèles : avec eux, il inaugure ses intéressantes excursions. Voici les noms de ceux qui constituèrent son plus ancien groupe : de la Noë (1902), Ch. de Luna (1903), Victor Albrand et Joseph Fil (1905), Bon, Aimé Valla (1906), Pichon, Paul Giraud, Paul Lecat, Guillaume et Jacques Tabuteau (1907). Mais combien d'autres noms il faudrait ajouter à ceux-là : l'abbé Legré invite et reçoit tous ceux qui s'intéressent à sa méthode et il désire faire bénéficier le plus grand nombre de ceux qui apprécient la bonne camaraderie entre élèves, les promenades libres et joyeuses au grand air sous sa paternelle direction. Aucune préférence : mais à tous il prodigue les bienfaits de son dévouement. Sa vie est alors toute entière consacrée à ses élèves : heures de cours réglementaires, réunions particulières dans une salle de laboratoire ou sa chambre même où il prolonge son enseignement par des explications ou des expériences complémentaires, courses régulières de l'après-midi du jeudi et du dimanche qui constituent, avec un programme toujours intéressant et varié, la plus saine des distractions et la plus féconde en enseignements de tous ordres recueillis de la bouche de notre très cher professeur. Le jeudi ont lieu les promenades aux environs : bois de Luminy ou calanques de Sugiton, Morgiou ou Sormiou, calanques proches de l'Estaque ; le dimanche le but est plus lointain : on se rend jusqu'aux calanques de Cassis ou dans le massif de Marsiho-Veyre, de l'Homme-Mort et de la Tête Puget, ou bien l'on gravit une de nos admirables chaînes de Provence : Garlaban ou Sainte-Victoire, Pic de Bretagne et chaîne de la Sainte-Baume. Combien de fois la petite caravane partit le samedi soir de Gémenos, par nuit étoilée, pour atteindre, après la Glacière et le col de Bertagne, la ferme de Giniez où se prenait un peu de repos et se trouver à 7 heures dans notre cher sanctuaire provençal pour l'intime messe matinale !

Pendant les vacances de plusieurs jours, Monsieur l'abbé partait avec son groupe en excursion visiter quelque coin pittoresque comme la Fontaine de Vaucluse, la Chartreuse de la Verne, l'Etang de Berre, les gorges du Caramy ou faire du campement en Camargue, dans une des îles d'Hyères. L'été permettait les grands voyages : les plus entraînés étaient devenus d'intrépides marcheurs, l'escalade sur nos rochers les rendait aptes à tenter les hauts sommets, le cœur et les poumons avaient donné la mesure de leur résistance et les petits excursionnistes de Provence, fiers de leurs insignes de membres du Club Alpin, et, sous la conduite de leur maître qui devenait leur guide, abordaient les Alpes ou les Pyrénées. Dans les Pyrénées, l'abbé Legré les conduisit au Canigou, au sommet du Carlitte, au Mont Saint-Barthélemy ; l'ascension du Canigou se fit à l'occasion d'une magnifique course à pied tout le long du littoral, de Cette à la frontière espagnole ; les beaux voyages dans les

Alpes que furent les ascensions du Mont Viso, des col de la Vanoise et de Chavières, du Mont Mounier, dans les Alpes-Maritimes. En montagne, rappelons encore la traversée du Jura et le Grand Credo, la visite du massif montagneux et la Corse et la montée au Cinto. Oublierai-je les nombreuses excursions dans les Maures et l'Estérel, les longues marches au fil du courant de l'Argens et du Verdon, l'excursion aux gorges du Cians ? C'est toute la Provence, maritime ou montagneuse, agreste ou grandiose, partout et presque toujours lumineuse, qu'il faudrait évoquer pour l'avoir visitée avec lui. Le plus grand charme de ces excursions ou voyages entrepris sous sa direction par groupes de quatre ou cinq camarades, c'est lui-même qui le leur donnait : obéissance sans aucune contrainte, affection respectueuse pour notre Maître, amitié réciproque et bien réelle, voilà ce qu'il demandait, et quel plaisir nous trouvions tous dans ces étapes de marche ou ces ascensions où l'effort, pratiqué en commun, devenait facile, où l'on jouissait ensemble des grands spectacles de la nature, où l'on se recueillait dans de mêmes méditations à l'intérieur d'un refuge de montagne ou sur le bord même de la mer ! Tous ces souvenirs ne peuvent être rappelés par ses anciens qu'avec une très profonde émotion.

Notre Maître quittait rarement ses compagnons habituels ; cependant il prit part avec d'autres groupes à quelques excursions dont le but était la bénédiction d'une croix élevée sur un sommet de la région ou sur quelque rocher de notre côte : c'est ainsi qu'il alla bénir au Pilon du Roi celle que de vaillants jeunes gens y plantèrent au prix d'une audacieuse ascension, et aussi qu'à la fin de la guerre, il accepta avec joie de présider la cérémonie d'inauguration de la Croix des Croisettes. C'était pour le prêtre et l'excursionniste une pieuse satisfaction de voir dresser le saint emblème dans ces beaux sites propices à la prière.

Une grande épreuve frappa encore Monsieur l'Abbé: en 1904, son père mourut d'une attaque d'apoplexie.

Ainsi se poursuivirent ses années d'enseignement au Sacré-Cœur jusqu'en 1908 où il fut nommé directeur au Petit Séminaire, en même temps que professeur de sciences mathématiques et naturelles : il reprend sa tâche auprès des jeunes séminaristes, désirant inculquer à ces jeunes gens, que retient davantage l'étude des lettres françaises et du latin, l'attrait pour les sciences. Ses supérieurs y sont successivement M. le Chanoine Simeone, aujourd'hui évêque d'Ajaccio, et M. le Chanoine Garoutte.

Mais l'abbé Legré a conservé fidèlement tous ses anciens élèves et compagnons de promenade : le nombre des nouveaux s'accroit sans cesse, élèves et anciens élèves du Sacré-Cœur, élèves du Collège des Jésuites et du Lycée se groupent autour de lui. Je ne puis les nommer tous, ne les ayant pas tous connus, mais les noms qui sont inscrits le plus fréquemment sur son cahier sont ceux de : Ch. Poilroux, Jauffret, Combalazier, Fr. d'Azambuja, du Gardin, de Crozet, Brunet, Joseph Valla, Jean et Gérard Gahier, les frères Mus, Jean Emery, Guénebaud, Manzi, Timon-David Lecat, du Bourguet, Pélissier, les frères Devictor, etc. Monsieur l'abbé les réunit suivant leur âge et quelques affinités naturelles, et, de ces jeunes gens si différents, de collèges divers et à mentalité variable, il fait les groupes les plus homogènes, animés du meilleur esprit, pleins d'entrain, joyeux et francs, dociles à sa direction, attachés entièrement à leur Maître. En dehors des promenades, des réunions se font dans sa maison qu'il a aménagée pour eux, à l'appartement de la rue Saint-Savournin qui est le centre de sa vie : on s'y donne rendez-vous pour les départs du matin, au retour on y laisse les objets d'utilité générale. Le soir, Monsieur l'abbé est encore au milieu de ses enfants : joyeuses conversations, jeux, séances de cinéma, vue des photographies au stéréoscope, telles sont les principales occupations et distractions les jours de vacances des collégiens, ou durant les soirées d'hiver après la classe.

L'abbé Legré poursuit ainsi régulièrement et avec toute la sollicitude de son cœur de prêtre sa double tâche d'enseignement au Petit Séminaire et de direction morale de ses jeunes gens du monde.

En 1910, il préside une touchante cérémonie : un jeune marseillais, J. Angelvin, périt à l'aiguille de Sugiton. Une croix est élevée à sa mémoire au lieu fatal : Monsieur l'abbé vient la bénir, célèbre à ses pieds la messe, et, dans une émouvante allocution, pleure sur la perte de ce jeune homme, « bon et pur, passionné pour les grandioses manifestations de la nature, dédaigneux des plaisirs équivoques de la ville dont il quitte l'atmosphère viciée pour venir goûter le dimanche la beauté de nos sîtes, après avoir rendu à Dieu l'hommage de la prière ».

En 1913, au cours des grandes vacances, voyageur infatigable, l'abbé Legré entreprend avec Monseigneur Pothard le Pélerinage en Terre Sainte : après les arrêts aux villes méditerranéennes qui constituent les étapes, c'est la visite aux Lieux Saints : Tibériade, la montée à cheval au Thabor, Nazareth, Jerusalem, suivie de l'excursion en Egypte et jusqu'à la Haute Egypte : Lougsor, Thèbes, Philœ. Avec quelle satisfaction il nous montrait les splendides photographies rapportées, et surtout avec quelle émotion il nous redisait sa joie d'avoir vu le pays du Christ.

Puis c'est l'année 1914 qui commence ; il célèbre ses noces d'argent sacerdotales et ce sera sa dernière joie non mêlée de larmes. Avec une grande anxiété, il voit éclater la grande épreuve d'août : son cœur de Français, son âme de prêtre sont fermes et stoïques, mais il ne doute pas que le salut du pays ne s'accomplira pas sans le sacrifice de plusieurs de ses enfants qu'il aime tant et, de fait, bientôt, Georges Abeille, Aimé Valla, Marcel de Losme, Marcel Deloule, Camille Ruffier sont frappés à mort. Il a préparé ces jeunes hommes à être d'héroïques soldats par l'acceptation des devoirs les plus austères, par le sentiment du sacrifice, par l'accoutumance à toutes les fatigues et privations corporelles, il a voulu les « aguerrir » et voilà bien que la guerre vient mettre toutes ces vertus à l'épreuve et réclamer tout leur dévouement. Elle les prend en holocauste et il faut à ce prêtre toute son espérance chrétienne pour ne pas se désoler sur la disparition de ses enfants. Pour ceux qui demeurent et combattent, Monsieur l'abbé multiplie les lettres, les marques de sympathie, les prières, et, à chaque permission, tous viennent le visiter: sa chambre reçoit des soldats de toutes armes et de tous grades, tous fiers de montrer à leur Maître leurs croix, et heureux de recueillir avec ses consolations paternelles, ses affectueux encouragements. La guerre finie, Monsieur l'abbé, avec les aînés revenus et des jeunes toujours plus nombreux, continue son œuvre d'apostolat ; aux excursions dans les collines et sur la côte, il ajoute les promenades en mer : la jolie anse des Goudes qu'il aime tant pour son ciel plus bleu qu'ailleurs et ses rochers plus blancs, est devenue le hâvre de sa petite flotte : sur bette ou bateau ponté, qu'il dirige en parfait marin, il part pour la pêche et le canotage à la rame ou à la voile jusqu'aux îles voisines. Les marins et pêcheurs de nos petits ports admirent et aiment ce prêtre si simple qui, avec de petits citadins, goûte et partage leur vie maritime, se monte si bon avec tous et les traite en amis.

Une nouvelle fonction lui était échue : membre depuis de longues années du Club Alpin Français (section de Provence), où il avait fait inscrire ses plus vaillants excursionnistes, il avait, à la section de Provence, l'estime et l'amitié de tous ses collègues et fut élu en 1920 membre du Conseil de la section ; en 1922, on voulut honorer l'alpiniste, l'excursionniste, le chef de groupe et l'apôtre en le nommant à la vice-présidence de la section de Marseille : à cette place encore, il apporta tout le concours de son dévouement, partageant toute la ferveur de cette Association pour la cause de la montagne et ses bienfaits physiques et moraux.

Dans le court résumé de cette vie si bien remplie par l'étude, par l'enseignement à ses élèves des cours et à ses élèves privés, par l'action sacerdotale dirigée surtout mais non exclusivement vers l'apostolat de la jeunesse, nous ne pouvons omettre, dans la relation des faits que nous avons personnellement connus, la part qu'il consacrait à sa famille, le dévouement filial qu'il portait à ses tantes, à celle qui lui survécut, Mlle C. Legré, son affectueux intérêt pour tous ses cousins. Nous devons mentionner aussi « son amitié si fidèle, son incomparable délicatesse » (1) pour ses confrères et anciens collègues du Sacré-Cœur, MM. les

(1) Ces mots sont de l'un d'entre eux.

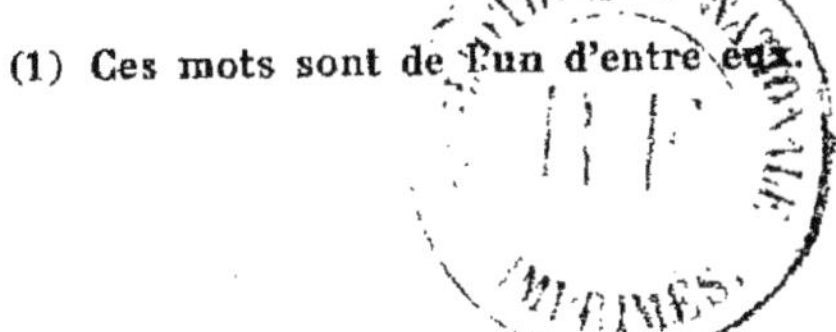

chanoines Girard, Figeac, P. Lorin. Il nous faut dire encore avec quelle bonté Monsieur l'abbé prenait part à tous les événements de famille de ses promeneurs : il bénit l'union de plusieurs d'entre eux, y prononçant les plus touchantes allocutions, il était présent dans toutes les circonstances où son amitié lui faisait comme un devoir d'apporter toujours le témoignage de son affection.

En 1921, Monsieur l'abbé ressentait quelques troubles circulatoires : il confiait la crainte qu'ils lui donnaient à quelques amis : cependant, grâce aux bons soins du docteur Rathelot, son ami, il surmontait cette première crise. En 1923, nouvelle atteinte ; malgré certains pressentiments et l'insistance de son médecin, il se soigne peu, continue à mener une vie très active et toute dévouée à son apostolat.

Le 12 juillet, Monsieur l'abbé se rendait en excursion à la calanque des Goudes pour une habituelle promenade en mer, que rien ne laissait prévoir devoir être sa dernière : des jeunes gens, E. Pélissier, les frères Derictor l'accompagnaient : il était comme à l'ordinaire joyeux et dispos, et voici que, dans la barque même dont il prenait la direction, une congestion cérébrale le frappa : ce fut le coma complet. On le transporta dans l'abri des barques de M. Molinari, et c'est là qu'il mourut en dépit des soins médicaux tentés. Son ami, M. le Curé de Montredon, prévenu en hâte, vint lui porter l'Extrême-Onction et à 2 heures de l'après-midi, Monsieur l'abbé mourait, entouré de sa famille et de quelques-uns de ses élèves. Il mourait dans l'exercice de ses fonctions, comme il a été écrit, dans une de ces modestes cahutes de rivage, où il aimait tant se reposer un peu, auprès de cette mer et sous ce ciel de Provence dont le calme et la pureté avaient enchanté son âme, frappé à l'aube même d'une journée qu'il consacrait à ses élèves, tout prêt à paraître devant le Dieu qu'il avait servi, aimé et fait aimer.

La douleur de tous fut extrême : la première nuit, son corps fut veillé aux Goudes par des pêcheurs même de la localité : le lendemain, ramenée et exposée dans la Chapelle du Petit Séminaire, sa dépouille mortelle recevait les prières et les hommages de tous les séminaristes, de tous ses confrères et d'un très grand nombre d'amis.

Ses obsèques eurent le caractère le plus émouvant. Associés au deuil de sa famille, tous les élèves du Séminaire, de très nombreux amis, un très grand nombre de ses élèves ou anciens élèves, les jeunes, les yeux en larmes, les membres du Clergé, ses confrères du Séminaire et du Sacré-Cœur ou ses amis, des religieux de divers Ordres, sous la présidence et sous les bénédictions de Monseigneur l'Evêque de Marseille et Monseigneur l'Evêque d'Ajaccio, firent une pieuse escorte jusqu'à son lieu de repos à leur collègue, à leur ami, à leur professeur si regretté.

L'ÉDUCATEUR

Le récit de cette vie sacerdotale a montré déjà qu'elle a été vouée toute entière et avec un grand attachement à l'œuvre de l'éducation : l'abbé Legré a été un grand éducateur. Il était admirablement préparé à cette tâche : il ne s'en est pas départi un jour, lui consacrant la majeure partie de son temps, mettant au service des jeunes gens les dons d'esprit et de cœur qu'il avait au plus haut degré pour les comprendre, les aimer et se faire aimer d'eux.

Dès son entrée dans l'enseignement, il montre une prédilection pour ce rôle : Maître, il ne se contente pas de donner des cours de sciences dans les diverses classes qui lui sont confiées, il prolonge l'enseignement par des séances instructives dans sa chambre, par d'amicales causeries. Prêtre, il ne borne pas son action morale et religieuse à celle que donne le directeur de conscience ou que peuvent avoir les cours religieux ou les sermons, il veut pénétrer et remplir de sens chrétien l'âme de chacun de ses enfants. Savant, son plus grand désir est de mettre les diverses sciences à la portée des plus jeunes cerveaux ou des moins ouverts à leur compréhension : il ne fréquente pas ou peu les cercles scientifiques où sa haute culture et ses titres lui eussent valu une place de choix : il est l'enseigneur de ceux qui ne savent pas.

Cette mission éducatrice que d'autres, prêtres ou laïques, à Marseille même, ont remplie pour des classes diverses de la société, dans des institutions demeurées florissantes, celle de M. Allemand, celle du Père Timon-David, l'abbé Legré l'a entreprise et réalisée d'une façon privée et très personnelle pour un très grand nombre de jeunes gens. Ces jeunes gens, il les a tout naturellement trouvés d'abord parmi les élèves du Collège du Sacré-Cœur où il enseignait, puis, sans qu'il le voulut ni le cherchât spécialement, parmi les amis de ceux-ci, élèves d'autres collèges de la ville, Collège de Saint-Ignace, Lycée, qui demandaient à se joindre aux premiers. Agréés après examen de leurs qualités morales, de leurs aptitudes physiques, munis pour tout diplôme d'un brevet de bonne humeur et de franche camaraderie, les nouveaux grossissaient la phalange primitive, amenaient à leur tour d'autres adhérents, et ainsi, des plus anciens aux plus jeunes, le groupe s'étendit de plus en plus, et Monsieur l'abbé le conserva jusqu'à la fin, très uni et très varié à la fois, tous partageant la même affection, le même dévouement pour leur vénéré Maître, et pendant plus de vingt ans, et sans que l'âge enlevât rien à sa jeunesse d'esprit et de cœur, M. l'abbé Legré a exercé ce véritable ministère d'éducation. Cette œuvre a été féconde : elle laisse au cœur de ceux qui ont bénéficié du dévouement de l'abbé Legré les sentiments d'une profonde reconnaissance dont ils voudraient s'acquitter un peu en la publiant et elle mérite d'être rappelée et connue pour les sûrs principes qui l'inspiraient et les intéressantes méthodes de réalisation.

Prêtre et professeur, l'abbé Legré avait charge d'esprit et d'âme : il voulut faire œuvre d'éducation complète et prit aussi soin du corps : il ajouta donc à son programme l'éducation physique. Nous voudrions montrer comment il comprit ce triple enseignement, intellectuel, physique et moral et comment il le réalisa.

Nous remémorant les mille souvenirs des années nombreuses où il fut notre professeur, nous honorant ensuite de son amitié, tâchant de transcrire fidèlement les principes qui étaient les siens, aidé des témoignages de ceux qui furent particulièrement ses amis et des récits de tous nos camarades, nous voudrions mettre en relief les traits caractéristiques du professeur et de l'éducateur dans la figure originale, vivante et que nous avons tant aimée de M. l'abbé Legré, directeur de jeunesse.

Le Professeur. — Mathématicien et naturaliste, cette double qualité lui avait valu dans les diverses classes de l'enseignement préparatoire au baccalauréat au collège du Sacré-Cœur et, plus tard, au Petit Séminaire, l'enseignement des mathématiques et des sciences physiques, chimiques et naturelles. Nous n'avons connu effectivement que le professeur de sciences physiques et naturelles et nous devons rendre hommage à la grande perfection de ses cours, à la minutie et à la réussite des expériences de physique ou de chimie qu'il multipliait au laboratoire pour notre instruction pratique. Nous savons de plus que ses leçons de mathématiques préparatoires au baccalauréat de la section Latin Sciences étaient de la plus grande clarté et le plus appréciées de ses élèves. Mais il arriva que le professeur eut à subir soit par excès de bonté, soit par suite de quelque timidité, certains petits « chahuts » scolaires, comme on les appelle, dont il fut peiné : mais sa générosité, son cœur de père lui faisaient pardonner très vite ces incorrections d'élève à ceux même qui étaient déjà ou seraient bientôt ses enfants de prédilection.

Mais à l'enseignement livresque, aux cours théoriques, l'abbé Legré, naturaliste éminent, préférait la leçon de choses apprise dans le grand livre de la nature elle-même, et c'est en promenade, au cours des excursions, que le professeur était incomparable : la science du botaniste, du zoologiste, du géologue, au contact des réalités de la nature, se donnait libre cours constamment. La botanique avait sa prédilection : chaque plante, chaque fleur intéressante de notre flore méditerranéenne, comme celles des Alpes ou des Pyrénées, étaient présentées à notre observation, désignées par leur double nom populaire et scientifique, classées dans leur famille : les plus zélés étaient, par ses soins, munis d'un herbier et grande était sa satisfaction d'encourager les efforts de ses « petits botanistes ». L'étude des papillons, sur la côte ou en mer, l'examen de quelques animaux de mer, des coquillages complétaient la partie scientifique de l'excursion. L'escalade de nos rochers de Provence, la traversée des diverses zones du littoral, les grandes excursions en montagne fournissaient matière à l'étude des terrains, et les grands horizons des temps géologiques étaient déployés à nos regards étonnés, grâce à ses captivantes leçons. Qu'il était agréable et facile de s'instruire de la sorte et avec un tel professeur !

L'abbé Legré aimait aussi les lettres, et le tour de sa phrase, l'hommage qu'il rendait fréquemment aux grands classiques latins ou français montraient en quelle estime particulière il avait tous les servants de l'esprit.

De plus, la philosophie la plus méditée et la plus sûre, appuyée sur une connaissance complète de la théologie, donnait à son esprit la plus grande profondeur et faisait de sa conversation un perpétuel enseignement : qu'il parlât d'un sujet de philosophie ou de religion, du problème de l'éducation ou de doctrines scientifiques, ses opinions ou ses préférences avaient le plus solide fondement. Son incomparable mérite fut de s'adapter aux divers esprits, aux différents âges, de faire pénétrer la lumière de son enseignement dans l'esprit de tous ses élèves.

Son système d'éducation physique. — L'abbé Legré apporta à celle-ci le plus grand soin : ce fut la partie non dominante, mais très originale et en tous points parfaite de son plan général d'éducation. Il donnait à la culture physique la place importante et trop longtemps méconnue qu'elle doit avoir durant les années de développement, demandant à celle-ci les bienfaits physiques et moraux qu'elle procure, si elle est pratiquée dans de justes proportions. Sur ce point, ce prêtre éducateur fut un précurseur et un réalisateur heureux.

Son principe le plus général était que notre être physique ne peut arriver à son plein développement que par l'obéissance aux lois de la nature et il accusait volontiers bien souvent notre civilisation excessive de les contrarier : c'est donc de l'homme primitif que nous devions, à sons sens, nous rapprocher sur ce point : il demandait surtout à la culture physique d'assurer la santé et la robustesse du corps, dans le développement harmonieux de tout notre être.

Les règles essentielles directrices d'une bonne culture étaient parfaitement connues de lui et il les appliquait judicieusement dans la sélection et le groupement de ses élèves suivant leur âge d'abord, suivant les résistances individuelles faites de la conformation corporelle, des réactions nerveuses, et dans la progression méthodique qui empêche tout surmenage aigu ou chronique. C'est ainsi qu'il commençait très volontiers l'éducation des tout petits de

9 à 10 ans et avait le plus grand succès avec ses grands élèves, adolescents de 13 à 17, 20 ans.

Dans le choix des moyens devant assurer au mieux ce développement physique, l'abbé Legré prenait déjà à son compte la devise qui devint celle du grand moniteur national de l'éducation physique, le commandant Hébert : air, soleil, mouvement. Il fut bien, on peut le dire, un véritable apôtre du grand air et du soleil : il voyait dans l'air et le soleil les grands dispensateurs de l'énergie physique, de la force vitale : celui-là assurant au poumon, par l'acte respiratoire complet et ample, l'oxygénation, la purification du sang, celui-ci, père de toute vie par ses radiations si bienfaisantes pour la peau dont la pigmentation accumule véritablement l'énergie solaire, par son pouvoir calorifique et l'excitation vitale qu'il procure aux grandes fonctions organiques. C'est donc au plein air et en pleine lumière que l'abbé Legré voulait que l'on pratiquât l'exercice musculaire, le mouvement. De plus l'eau, cet autre agent physique, lui paraissait compléter la cure de santé et il lui demandait sous forme de bains généraux ou bains partiels, lotion, tubs, d'accroître encore les forces vitales.

Fervent amoureux de la nature, si belle en notre terre privilégiée de Provence où le ciel et la mer sont parmi les plus beaux, où la côte présente ses admirables calanques où descendent pour les parfumer et les égayer les pins et les arbustes de la colline, l'abbé Legré goûtait par-dessus tout l'excursion et c'est par l'excursion surtout qu'il réalisait son programme de culture physique.

Il demandait d'abord à l'excursion la pratique la plus agréable et la plus propice de l'entraînement à la marche, à l'aération et à l'ensoleillement : les collines si accidentées de Provence, les calanques avec leurs aiguilles, les chaînes et les sommets des montagnes environnantes offrent à l'excursionniste marseillais les buts les plus variés, les terrains les plus accidentés, et dans ces promenades si bien dirigées, la marche, le saut, la course, le grimper exerçaient tour à tour la force et l'habileté des élèves.

L'escalade même avait une place et les rochers de Marsiho-Veyre, l'aiguille de Sugitton, les difficiles corniches du Mont Puget ou du Pilon du Roi étaient progressivement les lieux des exploits et jeunes grimpeurs, habiles et prudents. Nous avons dit la place éminente que notre cher Maître accordait au soleil et à l'air : aussi, ne se contentait-il pas d'assurer l'un et l'autre à ses élèves par de grandes promenades ou excursion : au cours même de celles-ci, par les jours favorables, aux endroits les plus indiqués, le plus souvent au bord même des calanques et à l'abri de leurs rochers, les bains d'air et de soleil étaient pris avec une véritable dilection. L'abbé Legré y encourageait par l'exemple les vrais adeptes de ses principes et il n'était jamais fâché de voir un coup de soleil frapper les peaux trop blanches ou jamais si fier que quand, en fin de saison, un torse et un visage fortement noircis témoignaient de la régularité de la pratique héliothérapique. D'ailleurs cette insolation était l'été toujours, l'hiver, bien souvent, précédée d'un bain de mer et la natation à la saison chaude faisait partie du programme de toute promenade sur la côte ou en mer. Car la rame avait aussi les faveurs de notre Maître : il voyait en elle un sport très attrayant et très complet comme exercice musculaire.

Enfin l'abbé Legré, alpiniste, voulut aussi former des alpinistes : il ne lui fut possible que d'entraîner un petit nombre au culte de la montagne : mais il voyait dans son amour et dans la pratique de l'alpinisme le complément de l'éducation physique, la montagne requiert tous les exercices corporels et les fait accomplir là où l'air est le plus pur, le soleil le plus actif ; de plus par les qualités morales qu'elle exige, courage et sang-froid, esprit de discipline et de solidarité, en même temps qu'elle discipline les cerveaux, elle fortifie les caractères et embellit les âmes, au contact des cîmes. Telle fut sa méthode d'éducation pour les jeunes : pas de spécialisation, pas de sport exclusif pratiqué trop hâtivement, c'est à tous les exercices naturels : marche, bicyclette, natation, rame, alpinisme que l'abbé Legré demandait, avec l'intérêt et le charme de la variété, les moyens efficaces pour fortifier la santé, augmenter l'endurance corporelle, aguerrir l'être tout entier, suivant le mot qu'il aimait à employer pour bien marquer tout ce qu'il demandait à la culture physique.

L'ÉDUCATION MORALE. LE ROLE DU PRÊTRE. — Est-il besoin de dire que l'abbé Legré s'appliquait à perfectionner chez ses élèves la vie morale ? Là même était le but suprême de son œuvre éducatrice. Fréquemment il conversait avec nous sur cette question : il donnait la première place à la formation de la volonté et voulait faire de ses jeunes gens des hommes énergiques et de fervents chrétiens. C'est d'abord à l'éducation physique énergique, exempte de toute mollesse, donnée un peu à la Spartiate, qu'il demandait justement d'assurer les qualités viriles essentielles : endurance, sobriété, habitude, effort personnel. Combien de fois, dans ce but même, il demandait une étape de marche supplémentaire, une rude montée en pleine chaleur, la privation d'un lit confortable ! Fumer était à ses yeux une sensualité autant qu'une habitude nuisible à la santé, et qu'il désapprouvait formellement.

Pour les qualités de dévouement, d'esprit et de solidarité, la vie en commun des excursions, celle du campement avec les quelques heurts inévitables de caractères, les courses en montagne avec l'âme unique qu'y forme une caravane, étaient une école admirable à laquelle Monsieur l'abbé prenait tous ses enseignements. Sous la direction d'un tel maître et en dehors même du précepte religieux, la conservation de la pureté d'esprit et de corps devenait facile, même à l'âge critique de la puberté : loin de la ville aux séductions malsaines, dans la contemplation des beautés et des grandeurs de la nature, montagne ou mer, le cœur s'élève, les yeux se purifient, tout l'être moral grandit.

Soucieux de porter au maximum son action éducatrice, Monsieur l'abbé ne se contentait pas de l'éducation collective : il la complétait par l'action individuelle dans des conversations intimes prolongées, dans des conseils ou des réprimandes donnés avec toute la délicatesse d'un cœur paternel. Mais il voulait de plus ne contrarier en rien l'éducation familiale et de fait il collaborait avec les parents de ses élèves. Il n'omettait pas, dans des visites fréquentes aux parents de se renseigner sur leurs désirs, sur la conduite générale de l'enfant qui lui était confié, ses dispositions particulières. Si quelques mamans s'étaient un peu inquiétées de ce qui pouvait paraître de loin osé ou dangereux dans certaines excursions, dans les sorties en mer ou les baignades, bien tôt les explications de Monsieur l'abbé et toutes les marques de sollicitude qui leur étaient rapportées par leurs enfants les avaient pleinement rassurées, et c'était en toute confiance et avec joie qu'elles lui donnaient même leurs plus jeunes fils. Il nous reste à rappeler quelle fut l'action du prêtre sur ses jeunes gens. Elle était discrète : au cours des journées d'excursion passées en intimité complète avec ses élèves, l'abbé se montrait peu sous le chef de groupe, il évitait de multiplier les admonestations à allure de prédication et ne demandait pas à tous la sagesse et la piété exemplaires que doivent montrer les membres des congrégations. Il voulait que chacun y vint progressivement, laissant la plus grande initiative dans l'accomplissement des pratiques pieuses, encourageant cette piété, mais sans la moindre contrainte. Et, de fait, elle était en honneur chez le plus grand nombre de ses enfants: le dimanche l'assistance en commun à la messe qu'il célébrait avant le départ donnait une édification mutuelle : durant les grandes excursions et les voyages, tout le groupe venait journellement l'entourer à la première heure dans quelque église ou chapelle de nos charmants villages ou pélerinages de Provence. Mais son influence sacerdotale s'exerçait surtout par une action continue sur la pensée de ses élèves, par les enseignements religieux que sa grande science théologique y faisait pénétrer, sur leur cœur par l'amour de Dieu et du prochain que son exemple et ses leçons prêchaient sans cesse, sur leur volonté par la direction qu'il s'efforçait de donner à toute son œuvre d'éducation : recherche et pratique de l'effort, esprit de sacrifice, esprit de dévouement, progrès dans la vie surnaturelle.

L'abbé Legré a eu la joie de constater les résultats de son admirable tâche : tous ses anciens lui étaient demeurés fidèles et avaient gardé les principes qu'il leur avait donnés ou qu'il avait développés en eux : son but était de faire des hommes vaillants, chrétiens d'élite, français résolus. La guerre qui déchira son cœur de père, montra toutes les vertus qui avaient mûri en eux : tous partirent vaillamment et bien souvent, aux premières places du combat, firent voir qu'ils étaient « aguerris » déjà. Plusieurs donnèrent héroïquement leur vie, et le souvenir de ces nobles victimes, Ruffier, de Lorme, Georges Abeille, Marcel Deloule, Aimé Valla et d'autres encore, ne quitta plus le cœur de leur ancien Maître.

Riche de tant de qualités, notre cher et vénéré Maître était marqué d'une forte personnalité : pourvu des plus beaux dons de l'esprit et du cœur, savant et philosophe, il se complaisait à la fois dans la méditation de l'Infini, du Dieu créateur et dans la contemplation de toutes les merveilles de la création dont il analysait le mécanisme, et admirait la grande diversité et l'unité. Bon jusqu'à l'excès, d'une délicatesse de cœur qu'ont pu seulement connaître ses parents, ses intimes et ses élèves, d'un dévouement absolu, l'abbé Legré avait de plus le mérite d'une réelle originalité. Si celle-ci a pu priver un certain nombre du bonheur de le comprendre et de l'apprécier entièrement, elle était le résultat de son esprit d'abstraction et de sa propre façon de penser et de sentir.

Toutes ces qualités, M. l'abbé Legré les a spécialement consacrées à l'œuvre de l'éducation : dans sa conception très complète de ce programme, il a jugé que celle-ci peut être à la fois très moderne et traditionnelle : traditionnelle par la soumission aux règles anciennes de l'instruction littéraire et philosophique, moderne par les soins à donner à l'étude des sciences et de leurs applications : il a justement apprécié le rôle important de la culture physique dans l'éducation ; voyant dans celle-là, en plus de son rôle propre, un moyen très efficace de délasser l'esprit, de fortifier la volonté et de contribuer à faire des hommes. Il a montré combien l'âme d'un prêtre est éminemment apte à comprendre, à diriger, à éduquer les jeunes gens : il a pu recueillir les preuves de la solidité de son système et des bienfaits de son long apostolat dans les témoignages de leur reconnaissance et de leur fidélité. Il laisse à chacun d'eux le souvenir infiniment précieux d'un des meilleurs Maîtres de leur jeunesse qui, très élevé par sa vertu et sa science, se rapprochait si bien de leur esprit et de leur cœur que ce Maître devenait un ami, ce prêtre se montrait un père ; maintenant la douleur de leur deuil s'apaise dans le souvenir de sa noble figure et la pensée de toutes les générosités de son âme.

Au lendemain de sa disparition, un grand nombre de ses fidèles exprimèrent le vœu d'élever quelque monument à sa mémoire. Il parut qu'une Croix, édifiée sur la colline des Goudes où sa vue se reposa si souvent et près de l'endroit où la mort vint le prendre, rappellerait le mieux, avec le douloureux souvenir du trépas, la prédilection de l'excursionniste pour ce joli coin de notre côte, la ferveur du prêtre éducateur pour l'apostolat en plein air auprès de plusieurs générations d'enfants.

A l'appel pour la souscription lancé avec l'agrément et le concours de sa famille, tous répondirent avec joie et empressement ; anciens élèves et excursionnistes ou leurs parents, confrères et amis, habitants des Goudes apportèrent leur contribution. C'est un ancien du groupe de Monsieur l'abbé, Bernard Tabateau, architecte, qui composa le dessin si harmonieux de la

Croix, c'est lui qui, la Croix sculptée, assuma la direction de la difficile mise en place : pour tout son dévouement, pour la grande part qu'il a prise à la réalisation de notre projet, nous lui devons une grande reconnaissance.

Nous gardons aussi la plus vive gratitude à M. de la Chesnais qui, si généreusement et avec tant de bonté, offrit le terrain qui assurait au monument la meilleure place, au-dessus de l'anse des Goudes.

La cérémonie de la Bénédiction de la Croix eut lieu le 24 juin 1924, sous la présidence de M. le chanoine Figeac ; le clergé, parmi lequel ses amis et ses élèves, beaucoup de jeunes gens, quelques habitants des Goudes étaient réunis dans un même sentiment de pieux souvenir. M. l'abbé Figeac, après les prières, rappela toutes les vertus du prêtre, son amour de la nature, son dévouement envers les jeunes gens et à Dieu par dessus tout ; le président du Club Alpin, M. Bourgogne, honora sa mémoire en montrant tout le bien qu'il avait fait à la jeunesse, la préparant par l'effort et la vertu aux grands devoirs que la guerre allait exiger d'elle. Un de ses anciens élèves dit tout ce que ceux-ci devaient au professeur et à l'éducateur.

En se retirant, chacun gardait au cœur les touchantes pensées et le vœu fervent qu'un de ses bien chers élèves, Fr. d'Azambuja, avait fait graver sur la pierre : « Que cette Croix, dominant les Goudes, rappelle à tous le souvenir du saint prêtre, du savant et du vaillant excursionniste qui y conduisit pendant tant d'années de si nombreux jeunes gens, et y mourut un soir d'été, au bord de la mer, dans ce cadre provençal qu'il aimait passionnément ».

Société Anonyme du Sémaphore de Marseille

www.ingramcontent.com/pod-product-compliance
Ingram Content Group UK Ltd.
Pitfield, Milton Keynes, MK11 3LW, UK
UKHW020219180726
13838UKWH00005B/2079